AF398175

PROJET

D'ÉTABLISSEMENT

D'UNE

FOIRE·EUROPÉENNE

A METZ,

PAR P.-J. CHEDEAUX,

CONSEILLER DU ROI AU CONSEIL GÉNÉRAL DE COMMERCE, ANCIEN PRÉSIDENT
DU TRIBUNAL ET DE LA CHAMBRE DE COMMERCE DE METZ.

METZ,

DE L'IMPRIMERIE DE COLLIGNON.

Octobre 1822.

Metz, le 1er août 1822.

A SON EXCELLENCE

MONSEIGNEUR LE MINISTRE

DE L'INTÉRIEUR.

Monseigneur,

J'ai l'honneur de vous adresser le Mémoire ci-joint, proposant l'établissement d'une *Foire européenne* à l'est de la France, Mémoire que je remets ce même jour à M. le Préfet de la Moselle, et à Messieurs les Maire et Conseillers municipaux de la ville de Metz.

Déjà le 19 décembre 1819, au grand ordre du jour du Conseil général de commerce, dans mon opinion sur les *Entrepôts intérieurs* qui fut imprimée par ordre du Gouvernement, j'avois annoncé ce travail.

Daignez, Monseigneur, lire cet écrit, médité long-temps, et auquel l'intention la plus pure et la plus grande franchise ont présidé ; et si, comme j'ose l'espérer, votre Excellence y remarque une proposition utile pour notre belle Patrie, je la supplierai de prendre cette proposition en considération, en la renvoyant aux Conseils généraux de Commerce et des Manu-

1*

factures, pour lui donner, après, la suite dont elle l'aura jugé susceptible.

Permettez, Monseigneur, que je saisisse cette occasion pour vous offrir l'hommage du plus profond respect de,

Votre très-humble
et très-obéissant serviteur,

Signé **P.-J. CHEDEAUX.**

MINISTÈRE
de
L'INTÉRIEUR.

~~~~~~~~

3e DIVISION.

COMMERCE.

Réception
d'un Projet
de Foire eu—
ropéenne.

Paris, le 13 septembre 1822.

Monsieur, j'ai reçu la lettre que vous m'avez fait l'honneur de m'écrire, et le projet imprimé d'une Foire dite européenne, que vous proposeriez d'établir à Metz, pour y attirer en France le concours ordinaire porté aux Foires d'Allemagne. Je-reconnois en tout votre zèle pour le bien de notre Commerce, mais pour le moment je m'abstiens de discuter les avantages et les difficultés de votre plan, ayant cru devoir déférer à une partie de vos vœux, en demandant préalablement, sur votre Projet, l'avis du Conseil général du Commerce.

Recevez, Monsieur, l'assurance de ma considération,

Le Garde des sceaux Ministre Secrétaire d'Etat au département de la Justice, chargé du porte-feuille de l'Intérieur,

Signé DE PEYRONNET.

Nota. Dans sa séance du 11 octobre, le Conseil général de commerce a nommé une commission spéciale pour examiner le mémoire renvoyé par le Ministre.

A Monsieur CHEDEAUX, Conseiller du Roi au Conseil général du Commerce, à Metz.
~~~~~~~~

EXTRAIT DES DÉLIBÉRATIONS DU CONSEIL D'ARRONDISSEMENT DE METZ.

Séance du 1ᵉʳ août 1822.

Présens MM. MENUSIER, de Metz; LECOMTE, de Borny; BLIN DE MUTREL, de Metz; JACQUIN, *idem ;* CHEDEAUX, *idem;* BEAUDESSON, *idem;* KNEP-FLER, de Fouligny; VAILLANT, de Maizeroy; le baron DE FAULTLIER, de Metz; DE MACKLOT, *idem.*

M. CHEDEAUX, président, a distribué aux membres du Conseil un projet par lui rédigé de *l'établissement d'une Foire européenne à Metz.*

Le Conseil a pensé qu'il falloit méditer ce projet pour en reconnoître l'utilité, et a été d'avis de s'en occuper lors d'une de ses séances.

Séance du 9 août 1822.

Présens les mêmes membres que ceux ci-dessus.

Le Conseil, après avoir examiné le projet qui lui a été présenté à la séance du 1ᵉʳ du courant par M. CHEDEAUX, pour *l'établissement d'une Foire européenne à Metz ;*

Le Conseil, après avoir examiné et discuté ledit projet, a émis le vœu qu'il soit présenté au Conseil général du département, avec invitation de l'adopter.

Pour expédition,

BEAUDESSON, *secrétaire du Conseil d'arrondissement.*

NOTA. Cette délibération a été prise à l'unanimité.

EXTRAIT du procès-verbal du Conseil général du département de la Moselle, communiqué au Conseil d'arrondissement dans sa séance du 19 septembre dernier.

LE Conseil général ajourne à sa prochaine session, la proposition de M. CHEDEAUX sur le projet d'une Foire européenne, attendu qu'il ne s'est pas cru assez éclairé sur cette matière; il désire, avant de se prononcer, connoître l'avis du Conseil municipal de Metz et celui du Conseil de commerce, afin d'avoir leur avis sur cet objet qui les concerne spécialement. Il est convaincu de l'intention louable qui a dirigé M. CHEDEAUX dans le travail qu'il a présenté au Conseil, et lui sait beaucoup de gré des recherches qu'il a faites dans l'intérêt général de l'Etat, du département et de la ville.

CHAMBRE DE COMMERCE DE METZ.

Metz, le 28 septembre 1822.

MONSIEUR,

Nous avons l'honneur de vous remettre ci-joint une expédition de la délibération que la Chambre a prise relativement à votre projet d'une Foire européenne à Metz.

La Chambre, en adoptant dans son entier votre projet, a senti combien son exécution pouvoit un jour jeter d'éclat sur notre belle contrée, et elle vous prie d'utiliser son intervention, *si vous éprouviez quelqu'opposition sérieuse.* L'expérience démontre d'ailleurs que la constance seule peut faire vivre les innovations même les plus heureuses.

La Chambre, en vous adressant les expressions de la reconnoissance du commerce de Metz, vous prie de recevoir l'assurance de ses sentimens distingués.

DORR', *Président.*

PIERRE DUBUISSON, *Secrétaire.*

Monsieur CHEDEAUX, Négociant, Conseiller du Roi au Conseil général de commerce de France.

CHAMBRE DE COMMERCE DE METZ.

EXTRAIT DU LIVRE DES DÉLIBÉRATIONS.

Séance du 24 septembre 1822.

Présens MM. DORR, *Président;* DUBUISSON, B. BOMPARD,
HUART, GENOT, GENTIL,

La Chambre réunie extraordinairement à l'effet
d'entendre le rapport de la Commission sur l'ouvrage
de Mr P.-J. Chedeaux, intitulé : *Projet d'établissement d'une Foire européenne à Metz;*

Ouï le rapport et après une délibération appro-
fondie,

Considérant que les moyens énoncés par M. Chedeaux offrent évidemment une réussite possible pour
son Projet ;

Que loin d'entraver le système des Douanes de
notre Royaume, ce Projet présente des moyens de
conciliation entr'elles et les Etats voisins ;

Qu'il est très-instant d'appeler l'attention du Gouvernement sur ces moyens, afin de diminuer les effets
funestes résultant du système de représailles généralement adopté.

Partageant l'opinion démontrée par M. Chedeaux,
que les Foires ont une influence bienfaisante;

Considérant 1° les avantages de notre position
topographique, qui assure à notre Foire le concours
des étrangers ; 2e ceux attachés à notre localité, qui
sur-tout offre au Gouvernement et au Commerce

toutes les sûretés désirables ; la Moselle communiquant au Rhin d'une part ; le port situé dans l'île de Chambière, l'île du Saulcy, toutes deux contiguës aux portes de la ville, et notre port intérieur à la proximité de l'entrepôt public, de l'autre ;

Considérant que, dans l'établissement de cette Foire, le Gouvernement français fixe sur son territoire les bénéfices incalculables qui résultent d'une plus grande activité de transit ; qu'il assure un écoulement aux produits de nos manufactures, et que c'est peut-être là le plus grand encouragement qu'il puisse donner à ses nombreux établissemens ;

Que Paris et le Hâvre recevront une nouvelle vie par les exportations des denrées coloniales, que procurera notre Foire ; exportation qui sera poussée par la force des choses, puisqu'aujourd'hui même l'économie de temps et de transport porte les pays limitrophes à employer l'intermédiaire de Metz pour les denrées coloniales qu'ils tirent du Hâvre ;

Que la masse des produits échangés sera toute à l'avantage du commerce français ;

Que le département par lui-même offre déjà un nombre d'articles intéressans, qui pourront faire l'objet de hautes spéculations ;

Qu'au moyen de la Foire de Beaucaire et de celle de Metz, la France met à profit sa position, qui appelle sans partage le commerce d'économie où tout est bénéfices ;

Que les vérités avancées par M. Chedeaux trouvent leur confirmation dans le dixième extrait des avis sur

le commerce émanant du Ministère de l'Intérieur, où l'on voit : « Que l'Angleterre est sur le point d'adop-
» ter une proposition tendante à ce que toutes mar-
» chandises étrangères fussent reçues chez elle en
» entrepôt et en exemption de droits pendant deux
» ans, qui pourroient être prorogées pour deux au-
» tres années. La réexportation seroit libre, et par
« là, l'Angleterre tendroit à former un entrepôt
» général de toutes les marchandises du monde » ;

Par ces motifs,

La Chambre vivement pénétrée du bienfait qu'apporteroit sur notre sol l'établissement de la Foire européenne établie à Metz,

Admet, dans toute leur extension, les moyens déduits par M. CHEDEAUX, rend hommage aux intentions civiques de l'auteur du projet, et lui en vote des remercimens.

En conséquence elle a arrêté,

Que, par tous les moyens qui seroient en son pouvoir, elle solliciteroit la sanction du Gouvernement, et qu'à cet effet une expédition de la présente délibération seroit adressée à S. E. le Ministre Secrétaire d'Etat au département de l'Intérieur,

A M. le Préfet de la Moselle,

Au Conseil général de Commerce, et

Au Conseil municipal de la ville de Metz.

Pour extrait conforme :

Signé DORR, *Président,*

Et PIERRE DUBUISSON, *Secrétaire.*

APERÇU

SUR

NOS RELATIONS COMMERCIALES

ACTUELLES

ET SUR LES OBSTACLES QU'ELLES ÉPROUVENT.

Les théories ne sont souvent que des chefs-d'œuvre de raisonnemens, dont le faux éclat disparoît devant le flambeau de l'expérience. C'est la saine pratique qui a fondé les relations commerciales de toutes les nations ; et ce sont ces relations qui, dans tous les temps, ont été les principales sources de la richesse, et les garanties d'une puissance durable.

Qu'un peuple nombreux réunisse à la fertilité de son sol, tous les avantages d'une grande industrie, ce n'est pas encore assez pour sa prospérité : il faut qu'il fasse connoître et apprécier ses ressources ; il faut sur-tout qu'il se prépare des moyens pour l'écoulement de son superflu, et pour l'acquisition de ce qui lui manque.

Comme négociant, comme observateur, nous allons présenter quelques réflexions sur nos relations actuelles, sur les obstacles qu'elles rencontrent, et sur la fausse opinion qu'on paroît avoir de notre existence commerciale, et faire connoître un projet d'établissement capable de l'améliorer.

Quelque malheureux que soit un pays, il arrive souvent que l'on publie que tout y va le mieux du monde, que le commerce y prospère, que les manufactures ne peuvent suffire aux demandes : les indifférents écoutent ; les personnes peu instruites croient sans approfondir ; l'administration se nourrit d'illusions, et le vrai négociant gémit.

Rien n'est donc plus dangereux que l'opinion qui n'a pour base que de brillans aperçus, offerts d'une manière séduisante par certains hommes, pour lesquels les apparences sont tout : c'est ainsi que l'erreur se propage, et qu'elle a souvent les suites les plus funestes. Notre position actuelle ne justifie que trop cette vérité : car si nous examinons de près notre prétendue prospérité, nous voyons que tout s'y rapporte à un système fautif dans ses conséquences, puisque chaque nation, aujourd'hui, au lieu d'étendre ses affaires, son crédit, ses communications, fait tout ce qui est en son pouvoir pour diminuer, chez elle, la valeur des choses et les élémens du travail.

Quel tableau présentent nos relations d'Europe ? Nous voyons la Diète germanique, la Suisse et les Etats d'Allemagne délibérer ouvertement contre notre industrie !

La Russie fait un tarif équivalent à une prohibition !

La Suède, par représaille, ne veut plus de nos denrées (1)!

Les Etats-Unis soumettent nos cargaisons à un droit de tonnage considérable !

Dans presque toute l'Italie, l'influence de l'Autriche réserve, à nos marchandises, le sort qu'elles ont dans les Etats de Lombardie !

L'Espagne a frappé toutes nos fabrications d'une prohibition générale !

Enfin, les royaumes de Prusse et des Pays-Bas, voisins de nos départemens de l'est, viennent, par des tarifs exorbitans, de repousser tous nos produits (2)!

Notre position intérieure est-elle plus heureuse ?

Une population croissante, menacée de ne plus avoir suffisamment de travail !

Une foule de Français que la paix a rendus inactifs !

La propriété dépréciée et sans mutations !

---

(1) Depuis l'augmentation des droits sur les fers de Suède et d'autres pays, il n'arrive plus de navires à Bordeaux ; les Suédois ne veulent plus recevoir nos vins. Voyez les mémoires et les pétitions présentées aux Chambres par les propriétaires et le commerce de Bordeaux.

(2) Une mesure de vin, du pays Messin, valant 12 francs, paye, à l'entrée en Prusse, 22 francs!

(15)

Les denrées et les marchandises au-dessous de leur valeur et manquant d'acheteurs !

Des impôts qui s'augmentent à mesure que la valeur imposable diminue (1) !

La consommation réduite au strict nécessaire !

La spéculation en léthargie, ou ruineuse pour celui qui ose s'y livrer !

Les capitaux détournés de leur emploi naturel !

L'irrégularité introduite dans les actions du commerce par suite de sa nullité !

Tels sont les maux trop réels qui nous attaquent, qui nous pressent, et auxquels il est urgent de chercher à remédier.

C'est le désir de trouver, d'indiquer ce remède, qui nous a porté à proposer, comme un des moyens les plus efficaces, l'*Etablissement, à l'est de la France, d'une Foire européenne ;* trop heureux si nos compatriotes daignent reconnoître, dans ce travail médité long-temps, le véritable zèle qui nous anime.

Pour donner à notre plan plus de clarté, et afin d'être mieux compris par toutes les personnes intéressées à son exécution, nous avons cru devoir le diviser de la manière suivante :

----

(1) Une mesure de vin valant 18^f payoit, il y a deux années, 3^f 90^c de droit : aujourd'hui, cette mesure de vin qui ne se vend plus que 9^f, payant toujours 3^f 90^c, l'impôt n'est-il pas doublé ?

pour fonder cette Foire : élémens nécessaires à son succès : la ville de Metz réunit elle ces élémens ?

Chapitre XI.

Aperçu des principaux marchés qui s'ouvriront dans la Foire européenne de Metz.

Chapitre XII.

Moyens d'exécution.

Conclusion.

CHAPITRE PREMIER.

Quelques mots sur l'origine des Foires, et sur ce qu'elles ont fait pour la civilisation et la prospérité des peuples.

Le commerce prit naissance dans des marchés publics qui furent une suite,

1° De la privation de communication entre les peuples,

2° De la difficulté de les réunir ;

3° De la nécessité qui cherche ;

4° Du besoin qui procure.

Lorsque l'intelligence de l'homme fonda les premières manufactures, il fallut bien en faire connoître les produits, les exposer aux regards des consommateurs. Des priviléges de quelques villes naissoient,

2

pour d'autres accablées de taxes et de gênes, des obstacles qu'il falloit vaincre: les franchises qu'elles obtinrent alors, par degré, et y amenant l'abondance, créèrent l'émulation et les perfectionnemens de l'industrie.

L'histoire nous apprend ce que les entrepôts, marchés et foires ont produit de grand pour la civilisation et la prospérité des peuples de l'antiquité. Il suffit de citer, à cet égard, les villes fameuses de Corinthe et de Tyr, pour se convaincre du degré de fortune auquel un préjugé favorable peut élever un pays, lorsqu'une Foire franche, bien placée, fonde sa réputation.

C'est à de semblables établissemens que le commerce des soies, des étoffes et des autres précieuses productions des deux Indes, a dû son immense richesse : c'est l'usage des Foires franches et l'intérêt que les peuples avoient à les protéger, qui formèrent l'association, si célèbre, des soixante-deux Villes anséatiques. Par elles, le peuple Hollandais devint le facteur du commerce des deux mondes; par elles, Pierre Ier, ami du commerce et créateur, en quelque sorte, d'une grande nation, sut ouvrir, au sein de ses Etats incultes, les communications les plus heureuses entre cinq mers, fonda Archangel, Astracan, S^t.-Pétersbourg, et réunissant le Don au Volga, la Moscowa à la Baltique, la mer Caspienne à la Mer-Noire, jeta les fondemens d'une marine aussi active qu'imposante.

Les grands entrepôts, les marchés, les foires ont eu et doivent avoir par-tout les mêmes résultats ; là, les hommes apprennent à se connoître, à s'apprécier, à devenir plus éclairés et plus observateurs.

Montesquieu a dit : *Le commerce guérit les préjugés ; par-tout où il y a du commerce, il y des mœurs douces.*

En effet, tout ce qui fournit aux hommes l'occasion de se lier d'intérêt et de plaisirs, devient nécessairement un moyen de faire prévaloir les meilleurs usages.

Une grande foire est un tableau vivant où le luxe s'introduit, où le prestige de la mode, ses caprices, ses variétés triomphent de toutes les résistances, et ouvrent un champ immense à l'intelligence et à l'industrie.

Cependant nous reconnoissons qu'à diverses époques les foires éprouvèrent des changemens marqués, effets inévitables des événemens politiques, des guerres ou des révolutions. Ainsi la foire de Leipsick succéda à la célébrité de celle de Brunswick ; celle de Francfort-sur-l'Oder, à celle de Naumbourg ; ainsi la foire de Francfort-sur-le-Mein devint plus célèbre que celles de ses rivales, comme il arrivera, par un revirement de fortune peu éloigné sans doute, *qu'une Foire française à Metz, héritera de ses succès et de ses avantages.*

Le désir de réaliser cet espoir nous a porté à examiner, dans le chapitre suivant, l'existence actuelle

des Foires , dans leurs rapports intérieurs et européens; et à tirer des conséquences du passé , pour les
rattacher aux puissantes considérations qui militent
en faveur de notre projet.

CHAPITRE II.

Des Foires , considérées comme intérieures et européennes.

A mesure que le commerce gagna en liberté , les
Foires intérieures perdirent de leur importance , et
il est évidemment reconnu aujourd'hui que leur conservation est, de la part de l'administration , plutôt
un acte de respect pour les anciens usages , qu'une
preuve de leur utilité.

L'industrie sait mieux apprécier ses moyens d'agrandissement et de débit: elle veut des débouchés
plus positifs, plus étendus; ce qu'elle n'eut jamais dans
une Foire intérieure.

Le manufacturier, aujourd'hui, en négociant prévoyant autant qu'habile , avec des commis-voyageurs
instruits et intelligens , receuille , sur de simples
échantillons, ce qu'autrefois il ne faisoit pas avec des
masses considérables de marchandise.

C'est dans les grandes Foires , c'est dans ces rendez-vous des nations , que ce manufacturier, dans
quinze jours , acquiert la connoissance de tout ce qui

peut leur plaire et lui procurer une vente assurée c'est de-là, et cela nous est arrivé que, secondé par les avis de ces voyageurs, et se fondant sur leur expérience, il crée, dans le silence, les nouveaux produits qui doivent enrichir sa patrie et lui-même. Seul détenteur, alors, de ces produits, ne craignant pas de les voir copiés, dépréciés et vendus à vil prix, par des rivaux sans habileté, il est assuré d'en former, pendant toute une saison, le riche et productif aliment de sa manufacture. Ainsi, avec un théâtre d'affaires sans limites, il est exempt d'inquiétudes pour l'avenir; il travaille solidement; il n'est pas exposé à la cruelle incertitude d'une vente précaire, à la concurrence des marchands sans domicile, et au danger d'un funeste colportage (1).

----

(1) Le colportage a paralysé toutes les combinaisons commerciales ; il a ruiné le commerce des villes ; il a favorisé les fripons ; il en a même créé; et beaucoup de manufactures ont été ses victimes. En effet, le colportage d'aujourd'hui n'est plus celui du temps passé, la balle sur le dos : c'est maintenant un commerce considérable, dont le domicile est en tous lieux, et le domicile nulle part. Avec une patente de 6 à 24 francs, le colporteur jouit des priviléges les plus étendus : franc d'impositions, toujours indépendant, toujours inconnu, sans frais domestiques, sans embarras, il profite, à lui seul, du bénéfice que produit, dans les cités où il arrive, le commerce de consommation; il trouve, dans toutes les villes où il s'arrête, des dépôts publics qui lui présentent des magasins commodes et privilégiés : le nom d'étranger, que ces dépôts annoncent,

CHAPITRE III.

Des Foires, dans leur rapport avec la politique et l'économie publique.

La politique des Etats entr'eux ne doit être, selon nous, qu'une action de concurrence pour gouverner le mieux possible : toute de prévoyance, elle doit tirer dans le silence et de toutes parts les renseignemens qui lui sont nécessaires. Où peut-elle mieux atteindre ce but que dans ces grands rassemblemens d'individus que des intérêts différens appellent des contrées les plus éloignées, et où la confiance fait parler librement et des hommes et des choses?

Quelle occasion plus favorable un Gouvernement peut-il avoir de se faire informer de tout ce qui tient à la prospérité des peuples, et des moyens de former avec eux des liaisons utiles ?

La guerre de la révolution l'a bien démontré, lorsque, pour ses opérations les plus délicates et les plus difficiles, le Gouvernement anglais savoit, par

---

lui assure presque toujours une vente exclusive, au préjudice des marchands domiciliés : souvent même le consommateur préfère ce qu'il ne connoît pas : et s'il est trompé, toujours le colporteur est loin, quand il en a acquis la connoissance... (*Voyez le mémoire que nous avons adressé au Ministre de l'Intérieur, le 6 nivose an 13*).

l'intermédiaire des grandes Foires, être averti de tout, pénétrer toutes les vues, et donner à ses relations politiques tant d'influence et de crédit.

Le nom anglais et la marchandise anglaise étoient, chacun le sait, repoussés du continent : mais c'étoit en vain ; ils trouvoient, dans les foires d'Allemagne, refuge, sûreté, liberté, protection même ! Avec des agens voyageurs Suisses, Allemands, Américains, le Gouvernement anglais savoit, pouvoit, faisoit tout ; n'étoit jamais trompé ; et dans quinze jours de foire, se procuroit plus de renseignemens utiles que les Cabinets des autres nations, dans six mois de leur correspondance diplomatique : tout devoit céder à la liberté d'une grande foire. Aussi avons-nous pu remarquer, pendant 25 années de fréquentation dans toutes les grandes foires d'Allemagne, que c'est de cette active politique que provient la véritable cause de l'empire commercial que l'Anglais exerce sur les autres nations.

Ne nous arrêtons pas seulement à l'Angleterre ; le régime des Etats du troisième ordre nous découvrira cette vérité, pénible pour nous, et malheureusement trop méconnue, que ces derniers Etats, plus populaires, plus économes, plus éclairés par l'expérience, s'instruisent et s'enrichissent toujours aux dépens des grandes nations.

La France est, à l'égard des petits Etats, ce qu'une société anonyme de mille actionnaires est vis-à-vis d'une compagnie de trois associés solidaires. Celle-ci, opérant avec moitié moins de capitaux, luttera toujours avec une supériorité décidée, résultat de la confiance morale qu'elle obtient; elle fera des profits immenses là où la société anonyme n'en obtiendra que des précaires.

Prenons pour exemple le grand-duché de Berg, qui n'a qu'une population de moins d'un million d'habitans, tandis que celle de la Frace s'élève à plus de vingt-neuf millions! nous verrons le fabricant de Crévelt expédier, avec avantage, ses velours en France, et les y vendre plus couramment que ne s'y vendent ceux de Lyon, malgré un droit de 19^f 35^c par kilogramme, qu'il est obligé de payer à l'entrée du territoire français!

Si ce peu de mots établit la balance de l'économie publique de ces deux Etats, ne doit-on pas être effrayé du sort que l'avenir réserve à notre industrie? N'est-ce pas un devoir de dire à l'homme d'Etat:

« Prenez garde! pendant que vous délibérez len-
» tement, vos rivaux agissent et réalisent en même
» temps qu'ils délibèrent. Changez de système. Ne
» vous faites pas illusion : ne vous laissez plus séduire
» par des théories: attachez-vous aux choses: mesu-
» rez les temps et les hommes; faites consister leur
» valeur dans le plus ou le moins de bien qu'ils peu-
» vent procurer à la société, afin que la balance de
» vos profits et pertes soit toujours au crédit des
» profits annuels ».

Un grand Roi qui s'y connoissoit, Frédéric II,

en agissoit ainsi : ce n'étoit pas des courtisans qu'il consultoit : ce n'étoit pas les hommes seulement savans en théories qu'il mettoit à la tête des affaires ; il savoit trop bien que celui qui n'a que de l'esprit sans expérience, n'augmenta jamais les revenus publics, ni la richesse particulière. Il appeloit le producteur ; il correspondoit avec lui ; et dans une semaine, Frédéric avoit expédié plus d'affaires que n'en pourroit traiter, dans trois mois, la bureaucratie la plus riche en employés.

Qui ne connoît les progrès rapides que ce grand homme a fait faire à l'industrie ? Il savoit comment les Foires pouvoient la vivifier : aussi n'oublia-t-il rien pour donner de la célébrité à celle de Francfort-sur-l'Oder. Mais Leipsick, mieux placée (1, et libre de douanes, en étoit trop voisine. Ah! si le Roi de Prusse avoit eu la position de Metz, les foires de Leipsick, de Brunswick et de Warsovie n'auroient pas leur importance actuelle ! Il nous auroit montré qu'une Foire européenne bien placée est, dans ses rapports avec l'économie publique, ce que le soleil est à la végétation.

Pour rendre cette vérité encore plus sensible, considérons notre Foire dans ses rapports avec l'agriculture, les consommations, le crédit, le commerce maritime et un port franc.

---

(1) Nous ne pouvons ici trop fixer l'attention du Gouvernement sur la position de Metz.

CHAPITRE IV.

Des Foires, dans leurs rapports avec l'agriculture.

L'AGRICULTURE prospère par-tout où il y a de grandes consommations, un commerce actif, des communications faciles, de grands marchés, des subsistances abondantes, et de l'économie dans le travail.

Intimement lié à l'agriculture, le commerce, qui en favorise les travaux, *en est le fermier né.*

Ces vérités étant incontestables, pouvons-nous douter qu'une Foire européenne, à l'est de la France, n'augmente la production, et ne hâte les progrès de l'agriculture.

L'industrie, en effet, tire de l'agriculture ses principaux alimens. Elle doit aux bienfaits de celle-ci, les laines, la soie, le lin, le chanvre, les teintures. Consommer beaucoup d'étoffes, c'est nécessairement accroître la culture; et la contrée qui devient le rendez-vous des consommateurs, doit nécessairement profiter de tout, bénéficier sur tout, et se ressentir tellement de ce mouvement commercial, qu'elle ne doit pas tarder à arriver au point qu'il n'y ait plus chez elle dix pieds de terrain qui n'ait quadruplé de valeur. *Messins et habitans des dépar-temens de l'est , pesez ces derniers mots !*

A quoi les villes de Francfort et de Leipsick sont-elles redevables des merveilles qu'a produites leur agriculture ? A leurs Foires.

Qui a porté en Saxe le perfectionnement des laines, au point qu'elles équivalent à celles d'Espagne? Ce sont les Foires.

Qui a créé ces superbes manufactures qu'on admire dans le même pays, ces maisons si opulentes, cet état d'aisance qu'on y remarque dans toutes les classes ? Ce sont encore les Foires.

Pour que l'agriculture prospère , il lui faut des débouchés assurés ; si elle s'en trouve privée, elle languit ; ses plus belles entreprises périssent. Le département de la Moselle en est un exemple frappant : les fonds de terre en vignes, y ont diminué de valeur depuis six ans, dans la proportion de trois à un. On ne vend plus que cent francs, aujourd'hui, une mesure de vignes qui , avant le reculement des frontières, se vendoit trois cents francs et plus.

Demandez à Bordeaux si ses propriétaires sont plus heureux ?

Les vins de Metz , de la Meurthe , de la Meuse, avoient une vente assurée dans les anciens départemens de la Belgique et du Rhin : la représaille les en a privés ; le cultivateur malheureux , se voit forcé de dire que l'abondance est une calamité.

Quelle est la différence de position ? Lorsqu'un

pays agricole possède les élémens d'un débouché constant et assuré, tel, par exemple, que celui qu'offriroit *un grand marché européen.* Le cultivateur alors n'est plus livré aux caprices des saisons ; ne tenant plus à ses vieilles habitudes, sa timidité cesse; il cherche à cultiver mieux, à cultiver davantage; peines , soins, avances, rien n'est épargné par le fermier, ni même par le propriétaire, pour obtenir une plus abondante récolte, une culture plus étendue.

Nous sommes donc fondés à affirmer que, ce que le commerce de nos ports fait pour assurer de grandes réserves en denrées coloniales, notre grand marché le fera pour l'agriculture de nos départemens; il y deviendra un perpétuel moyen de prévoyance qui, tout en fournissant, au besoin, d'immenses ressources au Gouvernement, lui fera connoître, à chaque instant, la vraie situation des approvisionnemens généraux.

CHAPITRE V.

Des Foires, dans leurs rapports avec les consommations.

Les réflexions qui précèdent nous amènent naturellement à examiner quelle influence doit avoir une Foire européenne sur les consommations.

(29)

La France, avant la révolution, méconnoissoit beaucoup ses avantages : l'ignorance sur une foule de choses étoit générale ; nous mettrons en première ligne ,

1° L'influence du nombre des agens producteurs sur la prospérité publique ;

2° Les divers principes de crédit qui les font mouvoir ;

3° Les grands rouages de la circulation.

Dans la pensée de beaucoup de personnes qui ne savent pas ou ne veulent pas chercher à se rendre compte de l'action d'*une industrie libre*, consommer, ne se rapporte qu'au pain qui se mange, qu'au drap qui s'use ; ce qui se produit en plus est un superflu fâcheux. De-là ces déclamations contre les mécaniques, contre le trop de commerçans ; *de-là ces vœux impies pour le rétablissement de cette lèpre de l'industrie, les corporations.*

La consommation spéculative, ce grand moteur du travail, riche, immense en résultats, né de la multiplication des fabricans, des marchands, qui prend ses élémens dans toutes les valeurs stagnantes, et en dehors de la consommation réelle, telles que dans les matières premières, dans la marchandise en fabrication, dans celle en circulation, dans la concurrence, et enfin dans tout le surabondant de la production, ce moteur puissant, disons - nous, ne s'est jamais présenté à la pensée de nos routiniers ; et même , c'est à regret que nous l'avançons, il n'a jamais assez fixé l'attention de l'homme d'Etat.

Il est de fait que la consommation réelle a un calcul déterminé : on sait, très-approximativement, combien il faut de blé pour nourrir les individus de toute une nation. Mais pour faire fructifier son superflu, pour l'enrichir, il n'est que la consommation spéculative.

Quand on gagne, on se donne un habit de plus : si l'on perd, un de moins ; suivant que le peuple est heureux ou malheureux , le commerce augmente ou diminue les consommations.

Voyez ce qu'a opéré notre régénération politique, lorsqu'elle eut ouvert une carrière sans bornes à toutes les intelligences. Les fabricans et les marchands se sont multipliés, au moins comme d'un à trois ; et, comme par enchantement, cette augmentation d'agens producteurs a donné aussitôt, pour le travail et la spéculation, une consommation réelle trois fois plus considérable qu'avant ; par la raison que, trois fois plus de vendeurs ont nécessité, pour nos manufactures, trois fois plus de matières premières, trois fois plus d'individus occupés, trois fois plus d'étoffes en magasin comme en expédition, trois fois plus de valeur de change en circulation, enfin trois fois plus de profit pour l'industrie, et, par revirement, pour la nation.

Au petit comme au grand marchand, il faut des assortimens analogues à leurs moyens, la concurrence le veut ainsi ; elle n'existe, elle ne spécule, elle n'a de succès, que par la variété, le grand choix et l'économie.

On dira peut-être que tous ces nombreux magasins, une fois garnis de marchandises, doivent voir leur mouvement s'arrêter à la consommation réelle. Il n'en est pas ainsi ; car la consommation spéculative, agissant toujours en dehors, se suffit à elle-même, lors cependant, qu'elle peut opérer librement. Petit profit et grand débit, voilà tout le secret.

Vendre, *à sept reprises différentes*, sept aunes de Florence ou d'une de Marceline de soie à 4^f l'aune, pour remplacer une aune de Damas qui se vendoit jadis 30^f, *et une seule fois*, voilà comme la consommation spéculative alimente plus de travail ; voilà comme elle double, comme elle triple la main-d'œuvre et ses bénéfices ; voilà comme elle procure à nos jeunes femmes les moyens d'avoir sept robes pour une ; et à celles qui les font, sept fois plus de façons qu'autrefois. Que pourroient répondre à cela, ceux qui se plaignent du trop de producteurs ?

Sur une matière aussi importante, que de choses il y auroit à dire ! Mais nous en laisserons le soin et l'honneur à une plume plus exercée que la nôtre. Renfermé dans un laconisme obligé, cet exemple nous suffira pour démontrer, jusqu'à l'évidence, quel immense parti on peut tirer, dans une Foire européenne, de la consommation spéculative, lorsqu'elle n'est pas entravée par l'inquiétude politique, ou par

la représaille et l'isolement que les nations nous op-
posent (1).

Alexandre en instituant, comme il l'a fait, une
grande foire à Varsovie, nous donne un exemple frappant à imiter. Jamais les circonstances où nous nous
trouvons, n'ont réuni autant de motifs d'espérance.
La paix est rendue à notre belle patrie ; ses institu-
tions appellent tous les hommes généreux à se mettre
en rapport avec elle ; elle a des ports du premier

---

(1) Divers peuples, propriétaires d'une industrie particulière
à chacun d'eux, étoient parvenus à s'accorder une mutuelle
confiance, à faire entr'eux un grand commerce : par suite de
cette liaison, bien entendue, ils avoient multiplié les opérations
de crédit ; ils occupoient des millions de bras, des millions
d'individus ; recueilloient des bénéfices immenses, et augmen-
toient ainsi leurs richesses nationales. Tout-à-coup les Gou-
vernemens de ces peuples, par de faux calculs et par la pré-
tention de se suffire à eux-mêmes, s'interdisent réciproque-
ment tout accès, et accablent de droits et d'entraves les marchandises de leurs voisins. Qu'en arrive-t-il ? Du jour où ces
mesures sont exécutées, toutes les relations cessent ; plus d'affaires, plus de confiance entre ces peuples. Privés de capitaux
considérables, procurés par le crédit et par l'heureux échange
des produits de leur industrie, réduits à eux-mêmes, accablés
d'ouvriers, d'établissemens paralysés et dispendieux tout ensemble, la misère devient leur partage commun ; leurs con-
currens, avec eux, voient, mais trop tard, la perte d'un grand
mouvement commercial entraîner à sa suite celle de toutes
les relations sur lesquelles étoit fondée leur prospérité. (*Voyez
notre mémoire sur les Entrepôts intérieurs, adressé aux
Chambres. Avril* 1819)

rang ; des armateurs éclairés et grands spéculateurs ; son pavillon est accueilli par - tout ; ses anciennes relations sur le continent n'attendent, pour se réta-blir, qu'une occasion favorable : saisissons-la donc, en réunissant, dans un grand marché européen, toutes les nations qui doivent y concourir.

Le crédit moral étant l'un des premiers agens des consommations spéculatives, nous allons tâcher, dans le chapitre suivant, de prouver, par d'heu-reux précédens, combien notre projet peut le fa-voriser.

CHAPITRE VI.

Des Foires, dans leurs rapports avec le crédit.

DE savans économistes ont tout dit sur le crédit de circulation ; mais le crédit personnel qui le précède toujours, qui est la vie du travail, a échappé à leurs méditations. C'est à suppléer à leur silence, qu'est destiné cet article.

Le crédit personnel a pris naissance dans les Foires.

Donner à la probité, à l'honneur, une confiance sans limites que lui refuse le crédit de circulation, voilà le crédit personnel.

Associé pendant vingt-quatre ans à une manufac-ture de Lyon, nous pouvons citer pour exemple ce que faisoit le commerce de cette ville industrieuse, avec cette sorte de crédit qu'il savoit si habilement offrir.

Le génie, l'industrie créent : le crédit fait vendre : Lyon ne l'ignoroit pas. Ses étonnans progrès, son opulence sont dus à cette science. L'intelligence et la moralité d'un acheteur étoient toujours les premiers garans de sa solvabilité. Sur cette hypothèque, douze mois et souvent deux années de crédit étoient accordés par des fabricans qui, cependant, payoient comptant et la main-d'œuvre et leurs matières premières. Aussi vendre et acheter, sans dificultés, les objets les plus bizarres, étoit la suite de cette facilité : tous les essais, toutes les nouveautés étoient enlevés avec empressement : le crédit, pour les payer, les faisoit prendre à tous risques par l'acheteur, qui, à son tour, donnoit aussi des délais pour déterminer le consommateur.

C'est particuliérement dans les grandes Foires d'Allemagne que les effets de ce crédit étoient le plus sensibles. Sans autre garantie que l'inscription sur un journal, on y vendoit pour payer d'une foire à l'autre, et souvent à deux ou trois termes de foire. Qu'on se représente tous ces Russes, ces Polonais, ces Grecs, arrivant des extrémités de l'Europe à la grande foire de Leipsick, où se trouvoit exposé aux regards tout ce que l'industrie a de plus beau, de plus séduisant pour le goût et la variété : qu'on ajoute aux attraits de ces divers produits, un crédit fournissant tous les moyens de se satisfaire ; convenons-en, quel stimulant un tel ensemble n'étoit - il pas pour ces étrangers ? Combien facilement ne devoit-il pas les entraîner à des spéculations même imprévues ? Nous en avons été souvent témoins. De l'achat du nécessaire, ils passoient bientôt au superflu ; ils satisfaisoient ainsi leur admiration ; ils achetoient le double de leurs besoins, persuadés qu'ils étoient de le revendre avec profit.

Ces étrangers eussent-ils ainsi obéi à leurs fantaisies, s'ils avoient été obligés de souscrire des billets de change ? Non, assurément ; comme il est certain que le résultat des affaires réalisées dans ces Foires, n'eut pas été le quart de ce qu'il étoit. Un engagement écrit produit le contraire du crédit personnel ; l'obligation par corps rend l'acheteur timide, inquiet ; il achète peu ; il s'en tient au strict nécessaire.

Pour se convaincre de plus en plus des bienfaits que ce crédit personnel répand ; du nombre infini de familles qu'il nourrit, qu'il enrichit ; des industries qu'il crée, qu'il perfectionne, qu'il encourage ; qu'on aille dans ces grands magasins si richement garnis de marchandises, présentant l'image de l'opulence : là on apprendra que les neuf dixièmes de leur valeur appartiennent à ce crédit moral ; que c'est à cette confiance que sont dus, et l'aisance du marchand, et les profits qui, non seulement suffisent à bien élever sa famille, à bien placer ses enfans, mais qui lui permettent encore, lorsqu'il sait compter avec lui même et qu'il est économe, de se ménager une honorable retraite. Qu'on calcule encore, combien de fois une étoffe de soie, par exemple, depuis la naissance de l'insecte qui en fournit la matière première, jusqu'à son emploi définitif, a passé par la filière de ce crédit ; combien de personnes ont vécu, se sont enrichies avec cette monnoie de confiance. En voici l'aperçu :

1° La vente du cocon au moulinier, donne un crédit d'une récolte à l'autre ;

2° Le moulinier donne au marchand de soie, douze mois de terme ;

3° Le marchand de soie au fabricant, le même crédit ;

4° Le fabricant aux marchands en détail, pareil délai ;

5° Le détaillant aux tailleurs, même avantage ;

6° Enfin, par le même système de facilité, ceux-ci attendent, à leur tour, le fermier et le locataire.

Or, au moyen de tous ces crédits, qui n'ont à leur suite aucun engagement *à ordre*, l'on voit que la valeur s'est accrue, *sans bourse délier*, de toute celle du travail de l'étoffe. Ce qui rend évident que, plus le crédit personnel est répandu, plus il y a de prospérité dans toutes les classes de l'industrie : et qu'au contraire ce crédit restreint, la stagnation arrive, le numéraire s'éloigne de sa vraie destination, et le *jeu* remplace les affaires réelles (1).

Le souvenir des assignats n'est pas loin de nous, alors le crédit personnel étoit anéanti ; le vendeur exigeoit du comptant ou des billets à ordre. On n'a

––––––––––––

(1) On joue, à présent, sur la marchandise comme sur les papiers d'Etat : on vend et on achète ce qui n'existe pas. Ce jeu, bien plus désastrueux dans ses conséquences que celui des effets publics est tellement toléré , que les tribunaux le sanctionnent dans leurs jugemens. Pour en convaincre , donnons un exemple.

Sans avoir un écu, sans même posséder de marchand'ses, on vend, à livrer, mille pièces d'esprit ¾, et à l'échéance du terme , tout se réduit à payer la différence d'après le cours du moment. Qui a profité dans cette affaire ? Deux personnes seulement , savoir : le courtier et l'un des joueurs ; mais l'industrie a perdu. Cette opération simulée seroit inaperçue, si elle n'avoit influé sur le cours légal de la marchandise : mais , sortie de sa limite naturelle, elle a arrêté le spéculateur réel, et privé le marché d'une vente effective peut-être de 2 à 3000 pièces, qui, transportés au loin', auroient procuré, 1° au fisc beaucoup de droits de mutation ; 2° au commission-naire de grands profits ; 3° à la circulation de grands bénéfices et beaucoup d'activité ; 4° au roulier de grands chargemens ; 5° au banquier plus d'opération de change ; 6° enfin, au tonnelier, à l'ouvrier beaucoup d'ouvrage , et au commerce plus de ventes réelles et plus de moyens pour renouveler ses opérations. On peut juger à quelles sommes elles se seroient élevées par l'émission des lettres de change , à 90 jours, que ces achats auroient créés. Sur ce sujet pénible , combien il y auroit à dire !

pas oublié les malheurs et la série de faillites qui en furent la suite. Le crédit de l'Etat étoit de même alors au plus bas : prenons garde, toutefois, à l'extrême opposé !

C'est encore Montesquieu qui a dit : *Qu'un Gouvernement ne doit jamais faire le commerce.* Attirer à lui tout le numéraire, par des moyens de change qui devroient lui être étrangers, n'est-ce pas, de sa part, dans la balance générale, faire perdre *cinq* à l'industrie, pour *un* que le crédit de l'Etat favorise ? Calculez les bénéfices qu'a donnés la pièce d'étoffe de soie !

Le vrai crédit d'un Gouvernement doit être tout entier dans le travail qu'il favorise, et dans la prospérité publique.

Existe-t-il réellement, ce bon crédit, quand la nécessité fait verser, dans le trésor, l'argent auquel un autre emploi ne peut donner un plus grand produit ? Quitte-t-on sans motif un bon débiteur, qu'on peut faire payer par corps, pour aller se confier à un autre que l'on ne peut jamais contraindre au remboursement ? N'oublions jamais cette vérité : Ce n'est que lorsque l'avoir de l'Etat et l'avoir particulier s'utilisent mutuellement, avec égalité dans les avantages, que l'égoisme n'a plus d'alimens.

Nous sommes loin de préjuger un pénible avenir : mais tous les capitaux que l'on verse aujourd'hui dans les caisses publiques, laissent-ils un grand fond de sécurité ? Que deviendra la fortune particulière, si une fâcheuse circonstance, une guerre inattendue, vient à troubler la tranquillité du pays, ou à altérer la confiance nationale ? Dans une telle occurrence, le Gouvernement dénué des ressources du commerce qui, lui-même créancier de l'Etat, se trouveroit compromis dans ses besoins, ne pourroit plus en attendre les secours qui, dans la prospérité, ont toujours pu être offerts : c'est alors qu'il s'apercevroit, mais trop tard, qu'en grand comme en petit, pour faire des affaires, il faut être deux, et que tous deux aient part aux profits.

CHAPITRE VII.

Des Foires, dans leurs rapports avec le commerce maritime.

LE commerce maritime doit-il recevoir, de notre proposition, un supplément d'activité ?

Un entrepôt intérieur ne devient-il pas une Foire coloniale ?

Déjà nous répondîmes à ces deux questions, au Conseil général, en décembre 1819, lorsque nous dîmes :

« Un entrepôt est un moyen de suppléer à la liberté
» du commerce : c'est en quelque sorte une Foire eu-
» ropéenne, les relations qu'il favorise, réunissent les

» peuples, forment le crédit, multiplie ses valeurs,
» augmentent la circulation, procurent de grands dé-
» bouchés, et offrent au Gouvernement lui-même
» de grandes ressources ».

Allons encore aux exemples : La Foire de Francfort a un mois de franchise ; dans ce mois, des approvisionnemens considérables de denrées coloniales
y arrivent ; une clientelle nombreuse des provinces
qui environnent cette ville, les consomme. Qu'un
entrepôt intérieur se lie à notre Foire : cette clientelle
vient chez nous, par la raison, sans réplique, *que
les denrées coloniales auront moins de chemin à
faire, moins de frais à payer, et qu'elle les y ache-
tera à meilleur prix.* (Voyez le compte simulé).

Les négocians des anciens départemens du Rhin
n'ont pas oublié et suivent encore, pour ce qui leur
est possible, les anciennes relations qu'ils ont eues
précédemment avec nous : s'ils achètent aujourd'hui
directement du Hâvre et par terre, des cafés, des
cuirs, des indigos, etc. , qui traversent Metz pour
leur parvenir, que n'acheteront-ils pas lorsque, par
un productif échange de leurs marchandises, ils pourront toujours, *dans un entrepôt à Metz*, trouver
contre-voiture ?

Et ici disons encore, comme nous le disions au
Conseil général : Portez vos regards, Messieurs du
commerce maritime, sur nos frontières de l'est ;
vous verrez quels débouchés étendus la spéculation
et la réciprocité qu'elles réunissent, peuvent vous

procurer. Les fabriques d'Allemagne expédient, en quantité, pour l'Espagne et l'Italie, par l'entremise de Metz (1) : ces fabriques consomment considérablement de matières premières, qu'elles reçoivent de la Hollande, et que vous leur vendrez. La correspondance obligée de l'expédition leur transmettra, jour par jour, le cours de vos denrées : les voitures de Barmen , Elberfeld , Crévelt, Aix-la-Chapelle , Cologne, Mayence et Francfort arrivent tous les jours à Metz : le prix de la voiture, en retour, se paye *moitié moins :* si ce n'est pas le fabricant qui achète , c'est le voiturier qui fait contre - voiture ; c'est le batelier de la Moselle et du Rhin qui recharge , à l'entrepôt, vos marchandises et les produits de notre sol.

Cet entrepôt intérieur que, depuis 1814, nous avons été autorisés à solliciter par délibération du Conseil municipal de la ville de Metz, sera donc, pour le commerce maritime et pour notre Foire, de la plus grande importance.

---

(1) Ces fabriques feront , par l'intermédiaire de notre Foire et du transit sur nos ports, des affaires immenses avec les Amériques.

CHAPITRE VIII.

*Des Foires, dans leurs rapports avec le transit
et la circulation intérieure.*

LE transit, cette roue motrice du commerce, est
la conséquence obligée d'une grande Foire.

De même qu'un entrepôt n'a d'action que par le
transit, de même aussi, sans transit, une Foire est
un char sans attelage (1).

Pour attirer chez nous le Russe et l'Espagnol,
l'Allemand et l'Italien et toutes les nations du Nord
et du Midi, il faut que leurs marchandises, admises
dans notre tarif, y parviennent librement : tel est le
résultat du transit. Heureux le pays assez favorisé pour
pouvoir l'accorder et en recevoir le bénéfice! Ce
pays, c'est la France : avec le secret d'économie
que nous a découvert le système continental, mis en
action dans notre Foire européenne, *il n'y a pas
un tour de roue qui ne doive un jour lui payer son
tribut ;* et cela parce que, comme nous l'avons déjà
dit, les transports se payent à présent *moitié moins*
que dans l'ancien régime ; parce que l'activité du
roulage et la concurrence qui l'a produite, sont plus

____

(1) Ce transit suit l'action d'un *Entrepôt intérieur* et la
loi du 28 avril 1816.

que quadruplées, si ón les compare à celles de l'ancien régime; parce que nos principaux fleuves, et nommément le Rhône et la Loire, ont établi une *navigation accélérée* qui n'existoit pas dans l'ancien régime; parce qu'enfin nos routes de première classe transportent, depuis long-temps, la marchandise en relais, *à plus bas prix* que ne le faisoit autrefois le roulage ordinaire (1).

L'intérêt du spéculateur le fixe toujours sur ce qui est à sa portée; il lui fait rechercher le chemin le plus court, le plus fréquenté, celui sur-tout qui, sans l'exposer aux dangers de la grosse aventure, lui permet de réaliser, à jour fixe, le calcul de ses opérations.

L'évaluation du temps n'étoit pas observée autrefois comme à présent; aujourd'hui le temps est compté pour beaucoup dans les frais de transport: la concurrence rend précieux un jour, une heure!

Sur un jour d'économisé repose souvent le résultat de la plus importante opération.

C'est la célérité (voyez notre compte simulé) qui a porté les Allemands à donner la préférence au Hâvre sur la Hollande.

---

(1) Lorsque le transit des ports pour la Suisse a été accordé, l'on avoit calculé que, sur les cafés allant du Hâvre à Bâle, dix pour cent du capital seroient répandus dans la circulation : ce bénéfice s'est réalisé. Voyez le rapport de M. Portal, au Conseil général du commerce.

Trente jours d'économisés valent deux mois d'intérêt, valent deux opérations pour une, et évitent les risques importans de variation de cours (1).

Aux yeux de la multitude, l'industrie du roulage a de même toujours paru très-minime : il est peu de personnes qui aient daigné examiner, avec quelqu'attention, les conséquences de son action sur le négociant qui l'emploie : cependant les affaires que cette industrie sans éclat provoque, les consommations qu'elle occasionne, les salaires qu'elle répand dans tous les lieux qu'elle parcourt et même hors de sa route, n'auroient pas dû échapper aux recherches des économistes. Gémissons de cet oubli, et concluons qu'un transit provoqué par une Foire européenne, en prenant son cours de l'est au midi, rendra la France l'intermédiaire de toutes les expéditions du Continent, ainsi que va le justifier encore l'examen des rapports de notre Foire avec un port franc.

CHAPITRE IX.

Rapports des Foires avec un port franc.

Montesquieu a dit encore (et l'on ne sauroit trop citer ce grand homme) : *Dans tous les États qui font*

---

(1) Il est maintenant notoire que les expéditions maritimes du Hâvre, comparées avec celles d'Amsterdam, sont comme un est à 5.

le commerce d'économie, on peut établir un port franc.

Cette réflexion est-elle applicable à notre projet? Oui.

Une grande Foire n'est-elle pas le comptoir général d'un commerce d'économie? Oui encore.

Si l'on établit un lieu *absolument neutre*, où l'on puisse traiter en toute liberté, *pour le temps de la Foire seulement*, c'est-à-dire, un lieu propre à concilier les droits du fisc et de l'industrie avec l'indépendance du commerce; à favoriser, à l'extérieur, les opérations qui doivent se faire à l'extérieur; à donner enfin à une Foire nationale les caractères d'une Foire étrangère, ce lieu sera un port franc.

Dans l'origine, le mot Foire étoit synonyme de franchise; aussi les pays qui ont bien compris leurs intérêts, ont-ils toujours, pour la durée des Foires, affranchi la marchandise. Francfort-sur-l'Oder, en Prusse, au milieu du Royaume et environnée de douanes, est franc pour un mois, tels que le sont aujourd'hui Francfort-sur-le-Mein et Leipsick.

Un marché européen ne peut donc arriver à son développement, si la marchandise étrangère ne peut y entrer et en ressortir librement; et si elle ne peut s'y vendre en dehors comme en dedans du champ de Foire (1): cette franchise est de la plus haute

____

(1) Peut-être que des personnes qui ne sont pas comme nous à portée de connoître le régime actuel des Douanes et

importance pour le succès de notre Foire ; elle coo-
péreroit immensément à faire cesser le systême d'es-
clavage dans lequel on voit tomber le commerce.

C'est à la France à donner l'exemple ; c'est à elle
à faire le premier pas. Rappelons - nous ce qu'ont
produit d'heureux les ports francs de Mayence et de
Cologne, lorsque nos frontières étoient au Rhin : aucune ville du Royaume n'est située comme Metz pour
succéder à ces dernières, pour concilier la sécurité
des douanes avec la liberté du commerce. Le chapitre suivant le justifiera complétement (1).

---

la surveillance perfectionnée de cette administration , crain-
dront - elles que la franchise de notre Foire ne favorise la
contrebande ? Rassurons-les.

La fraude sera impossible , par la raison que les marchandises étrangères arrivant avec acquit-à-caution , seront prises
eu charge a la douane , comme les liquides à l'entrepôt le
sont à l'administration des droits réunis. Ce qni constatera
toujours la sortie , par la décharge des acquits-à-caution que
la loi exige.

C'est ainsi que cela a lieu à Francfort—sur—l'Oder , qui n'a ,
certes, pas un local unique comme notre île de Chambière.

Le trajet de trois à quatre lieues qu'il faudra faire pour
y arriver , présentera - t - il plus de danger pour la fraude ,
que n'en fait craindre le transit des deuiées coloniales allant , sous acquit-à-caution , du Hâvre à Bâle (130 lieues) ?

(1) Metz est à 3 lieues d'Uckange et de Bionville , derniers
bureaux des douannes (le premier sur la Moselle , l'autre sur
la grande route d'Allemagne). La Moselle , à partir d'Uckange ,

CHAPITRE X.

Des obstacles qui se sont opposés à l'établissement d'une Foire européenne à l'est de la France; motif pour l'instituer; élémens nécessaires; Metz les réunit-elle?

Lorsque pour la première fois, il y a 32 ans, nous vîmes la foire de Francfort-sur-le-Mein, son activité,

a un cours très-direct; ses bords sont dégagés de couverts et de réduits : on peut, d'un coup-d'œil, observer au loin tout ce qui s'y passe, Thionville s'aperçoit de Metz : les voituriers n'ont besoin, pour ce trajet, que de quelques heures de marches; et les bateliers, quittant le même point, se rendent à Metz avec presqu'autant de célérité. Trois employés des douanes peuvent déconcerter la plus légère tentative de fraude. Il est également très-facile de surveiller les objets arrivant par la route de terre.

Les autorités de la ville seroient d'ailleurs intéressées à prévenir tout sujet de plainte quelconque : éloigner l'inquiétude de la fraude, c'est anéantir le seul obstacle qu'on puisse opposer à la franchise des Foires. Enfin, le local qui seroit destiné au port franc, est sûr et commode, situé dans une île, à 300 pas de la ville, il peut prêter au mouvement d'un grand commerce de navigation; les plus beaux magasins peuvent s'y construire; et l'emplacement, qui se termine par une plaine très-vaste entourée d'eau, peut, à son tour, suffire à tous les services, comme aux encombremens qu'une grande Foire peut et doit occasionner.

sa richesse, ses résultats de prospérité pour le pays, nous nous dîmes: Comment à l'est de la France, en regard de cette Foire et de concurrence avec elle, un établissement semblable n'existe-t-il pas?

Lorsqu'ensuite, à Beaucaire, nous remarquâmes le mouvement de son grand marché, attirant tous les commerçans du midi de l'Europe, notre surprise fut encore plus grande.

Appliqués à découvrir pourquoi notre pays, si fertile, si bien situé, si industrieux, étoit privé d'un tel avantage, nous nous aperçûmes bientôt que les causes en étoient *dans les préjugés du temps*, et dans les entraves établies par les petits Etats d'Allemagne qui entouroient alors nos frontières. Dès-lors, notre ame toute française, conçut le projet d'appeler un jour l'attention du Gouvernement sur un objet aussi important. Ce moment est arrivé : la circonscription nouvelle de la France, ainsi que des pays qui lui avoient jadis appartenus, en portant un coup funeste à la foire de Francfort, ne pouvoit nous en fournir une plus heureuse occasion.

Depuis 1814 Francfort voit s'échapper, successivement, toutes les relations qu'elle avoit avec les Pays-Bas et les nouveaux Etats prussiens. Des droits prohibitifs, des douanes sévères qui s'y sont établies, privent les commerçans de ces contrées des moyens de la fréquenter désormais (1). Aussi appellent-ils,

---

(1) Pour aller de Metz à Trèves, par le chemin ordinaire ,

de tous leurs vœux, une Foire française qui, en même temps qu'elle les rendroit à leurs habitudes, leur offriroit encore un nouvel établissement que ne possédoit pas Francfort ; ce seroit une Foire coloniale.

Pour le nord de l'Allemagne, Londres et Amsterdam sont actuellement au Hâvre et à Paris. Voilà une vérité qu'on doit hautement proclamer.

Qu'une Foire européenne s'établisse à Metz ; Metz devient l'entrepôt général de Paris et du Hâvre, et alimente le nord de l'Allemagne.

Environnée des pays les plus commerçans de l'Europe, cette ville est placée pour avoir un commerce considérable avec la Russie, la Pologne, l'Allemagne, la Prusse et la Hollande, d'une part, et de l'autre, avec l'Italie, l'Espagne, la Méditerranée et les deux Amériques : car on voit des négocians de toutes ces contrées éloignées venir à Paris, à Lyon, et dans toutes nos grandes fabriques pour y acheter les nouveautés de notre industrie : les Américains,

---

il faut, dans un rayon de moins de 12 lieues, passer par neuf lignes de douanes !

S a v o i r :

3 lignes françaises ; Uckange, Thionville et Roussi ;
2 lignes d'entrée en Belgique ;
2 lignes de sortie d'*idem* ;
2 lignes d'entrée en Prusse.

Total 9 lignes.

4

sur tout, parcourent toutes les contrées de notre continent pour former leurs cargaisons de retour : où iront-ils lorsqu'un marché européen établi à Metz, centre unique de ces différentes relations, leur offrira la réunion de toutes les productions de l'univers ?

Pour établir un Marché européen, la volonté d'un Gouvernement n'est pas toujours suffisante : il faut encore une localité toute particulière, qui soit à la portée de toutes les nations ; une localité qui attire et les hommes et la marchandise (1). Tel a été le

____

(1) On nous objectera peut-être que d'autres villes demanderont la même faveur, Strasbourg par exemple. Il ne faut que ces mots pour répondre :

Nous faisons à meilleur marché que Strasbourg. Voyez la Carte.

Pourquoi les expéditions de presque toute l'Allemagne, de Prusse et des Pays – Bas, en destination pour la France, l'Espagne, l'Italie et les Amériques, se servent-elles de l'intermédiaire de Metz de préférence à Strasbourg ? Pourquoi tout le commerce de nos ports, notamment celui du Hâvre, de Bayonne, Bordeaux, Marseille, Avignon, Lyon, etc., pour effectuer leurs envois aux destinations ci-dessus, employent-ils exclusivement la voie de Metz, et ne vont pas à Strasbourg ?

C'est parce que nous présentons des économies que la position de Strasbourg ne lui permet pas d'offrir. Consultez l'administration des douanes, nos comptes simulés, nos prix de transport, ce seront nos preuves, et un de nos plus grands avantages pour le succès de notre projet.

principe de la célébrité de certains ports, comme ceux de Marseille, de Venise, de Gênes, de ceux de la Hollande, et de tant d'autres: telle sera la *destinée de la ville de Metz*, si, un jour, on met en action les élémens de prospérité qu'elle a sous la main. Avant d'en exposer les avantages, qu'il nous soit permis d'appuyer notre opinion de celle d'un homme d'Etat qui a laissé à Metz d'honorables souvenirs. (M. de Calonne)..

—— « Le résultat de nos conférences a été, Mes-
» sieurs, qu'il est peu de villes plus avantageuse-
» ment situées, pour le commerce, que ne l'est la ville
» de Metz, que cependant il n'en est pas où le com-
» merce soit plus languissant; mais qu'il n'en est
» certainement aucune où le commerce soit plus né-
» cessaire, et puisse produire des résultats, des res-
» sources plus utiles à l'Etat.

» L'on est assez généralement persuadé qu'il n'y
» aura jamais beaucoup de commerce à Metz. Se-
» roit-ce parce qu'il n'y en auroit point à présent?
» On s'accoutume généralement à confondre ce qui
» doit être avec ce qui est, et à se figurer que ce
» qu'on a toujours vu ne sauroit être mieux : l'on
» se croit dispensé d'agir, lorsqu'on peut se persua-
» der à soi-même et persuader aux autres, qu'il
» seroit impossible d'agir avec fruit: l'on s'arrête à
» quelques difficultés, parce qu'il est plus aisé d'y
» croire que de les approfondir et de les combattre.

4*

» Ne doit-on pas mettre au rang de ces erreurs
» trop accréditées, l'opinion légérement admise que
» l'on ne peut avoir un commerce florissant à Metz?
» Ne doit on pas la regarder comme un de ces vieux
» préjugés qui sont tout à la fois, les enfans de
» l'erreur et les fauteurs de la paresse?

» Il résulte de la position de Metz, qu'elle semble
» destinée à devenir l'entrepôt des opérations de
» plusieurs nations, dont le commerce est dans la
» plus grande activité. Pourquoi, avec tant d'avan-
» tages physiques, le commerce y est-il dans l'en-
» gourdissement et dans l'inertie ?

» L'industrie des Messins a besoin d'être secon-
» dée, d'être stimulée par les aiguillons de la né-
» cessité: ils se font sentir vivement aujourd'hui ;
» c'est le vrai moment d'amener cette ville à un
» sentiment d'émulation que tout rend désirable et
» dont on reconnoîtra de plus en plus la possibilité.
» Il ne faut que vouloir cet heureux changement;
» le vouloir fortement, le vouloir avec suite, comme
» un point capital et très-digne qu'on s'en occupe
» sérieusement.

» Nous sommes fondés à assurer que telle est l'in-
» tention du Gouvernement ».

Voilà ce que disoit, *le 18 novembre 1772, à l'A-
cadémie royale de Metz, le premier Magistrat des
trois provinces.* Et certes, si M. de Calonne existoit, il se réuniroit à nous pour reconnoître comme

facile à réaliser aujourd'hui, ce qu'alors il ne pré-
sentoit que comme possible, et en appuyant de toute
son autorité notre proposition, il diroit, avec nous,
que la ville de Metz, qui est la seule ville importante
sur une étendue de 180 lieues de frontières, entre
Strasbourg et Lille, possède,

1° Une position géographique centrale en Europe,
et unique à l'est de la France ;

2° Une rivière (la Moselle) qui est à Metz ce que
le Rhin est près de Strasbourg, offrant une navigation depuis Francfort et la Suisse, d'un côté,
et jusqu'à Amsterdam, Rotterdam et Anvers, de
l'autre ;

3° Des routes de première classe dans toutes les
directions ;

4° Un des plus actifs roulage de France, pour
tous les pays, et *au plus bas prix de tous les cours
de l'Europe*. (Voir le cours général des transports) ;

5° Un sol fertile, une situation riante, des comes-
tibles abondans et à très-bon marché ;

6° Un fond d'industrie et de commerce, qui pro-
met de s'étendre beaucoup ;

7° Des habitans laborieux, intelligens et essentiel-
lement hospitaliers ;

8° Des avantages de localité tout particuliers, à
l'intérieur et à l'extérieur (1) ;

______

(1) Metz a deux ports, l'un intérieur, l'autre extérieur :

9° Tous les moyens de sûreté dans le département le plus paisible du Royaume;

10° Enfin, l'assurance d'un bon voisinage avec trois royaumes : les Pays-Bas, la Prusse et la Bavière, douanés entr'eux, ayant tous directement passage libre sur la France, et *qui auront une grande part à recueillir dans le mouvement commercial de l'établissement proposé.*

Si la ville de Metz s'est trouvée long-temps inconnue au monde commerçant, et si, comme l'a dit M. de Calonne, elle n'étoit autrefois considérée que comme ville de guerre, bien que la nature lui ait tout prodigué pour lui assurer un commerce étendu et florissant, l'on n'a dû cet état de choses qu'*à l'avilissement dans lequel étoit tombée la profession de commerçant.*

Mais aujourd'hui, grace au mouvement salutaire que la révolution a imprimé à toutes les classes de la société; grace aux Magistrats qui ont encouragé

---

ce dernier, aussi sûr que commode, est dans une île spacieuse, sur un des bords de la Moselle, à 3oo pas de la ville. Le port intérieur est contigu à une grande place, entourée de bâtimens considérables, où se trouvent l'entrepôt de la ville et un corps-de-garde, le tout egalement dans une petite île que forme la Moselle. Le local destiné à l'entrepôt est vaste; il appartient à la ville, qui en a fait l'offre par une délibération spéciale.

le zèle et les efforts des commerçans (1), Metz a
su se placer *au premier rang des villes d'expédition*, et montrer à l'Europe, pendant vingt années
de progrès, qui ont causé son étonnement, qu'en
population, en industrie, en commerce, en relations,
en fortune, tout est changé à son avantage, tout y est
devenu favorable à l'établissement d'une Foire européenne, propre à remplir, à l'est de la France,
le même but d'utilité que celle de Beaucaire a pour
le midi (2).

----

(1) La robe et le militaire n'exercent plus, dans la société,
une supériorité nuisible au progrès des arts et du commerce ;
et les obstacles qui avoient neutralisé ces progrès, ont dis-
paru avec les vieux préjugés. C'est ainsi que s'exprimoit M.
Gousseau, Maire de Metz, dans un avis imprimé adressé aux
négocians français et étrangers ; avis approuvé par M. Colchen,
Préfet du département.

(2) L'on pourra nous faire observer que Metz, étant une
place forte, présentera tous les inconvéniens inséparables des
chances de la guerre. Nous devons, d'avance, répondre à cette
objection.

Francfort-sur-le-Mein, Leipsick, Brunswick et Francfort-
sur-l'Oder étoient des villes fortes: l'on sait que dans la
guerre de la révolution, il falloit traverser des armées nombreuses pour y parvenir ; et l'on a toujours vu quel respect
tous les chefs militaires avoient pour les libertés de leurs Foires ;
jamais elles ne furent plus riches en résultats que dans ces
temps-là.

Peut-on penser que lorsque les Allemands, les Russes, les
Polonnais auront leurs magasins chez nous, que notre marché

CHAPITRE XI.

Aperçu des principaux marchés qui s'ouvriront dans la Foire européenne de Metz.

Pour compléter les garanties du succès que nous venons de présenter, il ne nous reste plus qu'à donner un aperçu des nombreux et importans marchés qui viendront, par la force des choses, s'établir dans notre Foire. Ce chapitre seul fera ressortir tous les traits du tableau vivant qu'elle doit présenter à l'Europe.

La marchandise est le fond d'une Foire ; là où il y en a beaucoup, la foule des acheteurs abonde : dans une grande Foire il faut de tout sans exception et par grands assortimens : il faut aussi que l'objet le

sera utile à leurs fabricans, leurs guerriers viendront sans motif les ruiner.

L'invasion de 1815 a prouvé le contraire : ce fut à Metz que les marchands et fabricans des villes voisines envoyèrent leurs marchandises pour les mettre en sûreté et à l'abri des réquisitions ; et elles furent sauvées. Notre Maison en avoit beaucoup en dépôt.

Rapportons-nous en, d'ailleurs, à l'intérêt que l'Administration aura de conserver intact le dépôt confié à sa sollicitude ; et affirmons d'avance que jamais l'hospitalité n'aura présenté des hôtes plus généreux, plus surveillans que nos Magistrats et nos concitoyens.

plus ordinaire des besoins de la vie s'y trouve en abondance ; tout le succès est là.

Aussi, tous les négocians français et étrangers, arrivant à Metz, doivent-ils y trouver, et ils y trouveront :

1° A l'entrepôt intérieur, un marché permanent de denrées coloniales de toutes les consignations du Hâvre (1).

2° Un grand marché de laines, où toutes les qualités possibles soient réunies en abondance (2).

---

(1) Un prix courant des marchandises arrivant dans ce port, suffit pour montrer l'influence qu'il aura, lorsqu'un entrepôt deviendra sa succursale naturelle. (Voyez notre compte simulé).

(2) Metz est dans le voisinage des grandes manufactures de draps de la France et de l'étranger : toutes les laines qui les alimentent passent par Metz. Le transit établi pour favoriser l'expédition des laines d'Allemagne, en destination des fabriques de la Belgique, donne la preuve de son importance : l'année dernière plus de vingt mille balles de laines ont passé à Forbach pour sortir par Thionville.

Une Foire à Metz pourra, sans changement de direction et de correspondance, attirer à elle une grande partie des approvisionnemens qui alimentoient les grands marchés de laines de Leipsick , de Hombourg (Saxe) et de Francfort-sur-le-Mein. Des consignations permanentes s'y établiront, parce qu'elles y trouveront le triple débouché de la France, des Pays-Bas et de la Nouvelle-Prusse ; parce que les fabricans de ces contrées préféreront venir acheter dans leur voisinage, ce qu'ils alloient acheter au loin.

3° En draperies et étoffes de laines, les produits de toutes les manufactures les plus renommées du continent (1).

Nous ne croyons pas nous avancer indiscrétement, en assurant qu'un marché de laines, à Metz, peut devenir le premier de l'Europe.

Une chose aussi très-importante à observer, c'est la culture de la laine dans un département des plus favorisés de la nature.

Les succès qu'ont déjà obtenu les belles bergeries de MM. de Turmel, Decosse et autres, produiront bientôt des imitateurs, et l'exemple de Leipsick est devant nous.

(1) Un marché de laines provoque nécessairement un *marché de draps*, et sans craindre d'être démentis, nous osons affirmer que celui-ci, par la position toute particulière qu'offre la ville de Metz, deviendra plus considérable que celui de Francfort-sur-le-Mein. (Voyez la carte).

De l'intérieur, les villes de Sedan, Louviers, Elbœuf, Abbeville, Amiens, Rheims et Nancy, qui sont d'une à quatre journées de Metz, y enverront des assortimens considérables en draps et autres étoffes de laine.

De l'extérieur, *au port franc*, les fabriques de Verviers, Montjoie, Eupen, Duren, Aix-la-Chapelle, etc., sans se priver de leurs relations habituelles à la foire de Francfort, pourront, sans frais, augmenter leurs débouchés.

Il y a 30 ans que ces fabriques n'étoient pas, pour la perfection ni pour leur importance, le dixième de ce qu'elles sont aujourd'hui : les beaux établissemens de MM. Ternaux à Ansival, David à Francaumont, Biollet à Verviers, Scheibler à Montjoie, et tant d'autres n'existoient pas encore alors.

4° En soieries, toute l'ind strie lyonnaise et allemande (1).

La draperie de Saxe a fait également de grands progrès: ses établissemens, de fabriques très-ordinaires, sont devenus, pour la plupart, fabriques du premier rang.

Nous ne pouvons douter qu'avec les élémens de notre Foire, les draperies de Metz ne jouent dans peu d'années le même rôle. Rapportons-nous-en, à cet égard, à l'industrie de MM. Colin-Comble, Barthelemy, Seilliere, Marcus-Seiler, Desjardins, Josseau, Croisier, etc. Ce qu'ils ont déjà fait, est un présage assuré de ce qu'ils feront encore plus.

(1) La soierie aura, à Metz, un débouché de première classe, puisque, sans frais, elle pourra se diriger sur les foires d'Allemagne.

L'ouverture de la grande foire de Metz, fixée au premier juin, loin de contrarier les habitudes du commerce, la met en contact naturel avec celles de Francfort, de Leipsick et de Varsovie. Les soieries d'Allemagne particuliérement y obtiendront de grands avantages; parce qu'indépendamment de la vente pour la consommation intérieure, elles auront celle pour l'extérieur, soit au port franc, soit par l'effet du transit.

Les fabricans de Crévelt se rappelleront que, lors du système continental, ils recevoient, par l'entremise de la France, toutes les soies qu'ils tiroient du Piémont. Le mouvement de la foire de Metz rétablira cette relation; et nous avons déjà la preuve de cette assertion dans les importantes expéditions qui journellement se font en transit pour l'Espagne et l'Italie, et passent par nos mains.

C'est encore aux registres des douanes que nous renvoyons ceux qui auroient quelques doutes ou quelques objections à nous proposer à cet égard.

5° En cuirs tannés et en cuirs des colonies (1).

6° En toiles, lins, batistes, linons et fils de Flandre (2).

---

(1) Ce sont les importantes tanneries des Pays-Bas, de la nouvelle Prusse, qui approvisionnent les foires de Francfort et de Leipsick. (Ces tanneries sont à trois journées de Metz). Il suffit de nommer la Maison veuve Malacord à Stavelot, qui fait tanner plus de quinze mille cuirs par année, pour faire juger de la masse de cette marchandise qui auroit intérêt à venir à notre Foire , puisqu'elle présenteroit aux tanneurs , en quelque sorte à leur portée et en échange, un approvisionnement de matières premières , nous voulons dire un marché de cuirs secs des colonies. A ce marché viendroient avec empressement se fournir les importantes maisons de Malmédi, MM. Hubert F. Caveus, J. H. Caveus, L. Caveus père , N. Mostert, Lt Doutrepont, Renier Doutrepont, Guillaume Villers, J. C. Doutrepont, Allard et Villers, H. J. Stéinbach, Antoine Detochet , J. P. Defosse – Closse ; Stavelot, veuve Malacord , H. Massange et fils , Lemaire , Dumont , Nicolai, etc. Sous la franchise de notre Foire , et sans avoir autant de chemin à faire , ils alimenteroient toutes les parties de l'Allemagne, et donneroient au commerce une surabondance de débouchés considérable.

Le département de la Moselle, très-riche en tanneries du premier ordre, y figureroit d'ailleurs honorablement. On y remarqueroit incontestablement MM. Bultingaire , Gautier aîné, Gérard, Robert, Joseph Aubertin, Chenot, Wagner, de Metz; MM. Claude, Moulin, Mathis, de Thionville ; MM. Bertrand Stile , Florentin jeune, et Fournier, de Briey ; MM. Feltz-Haas, Haas–Florange , Florange , Felz aîné, Gilard, de Sierck , etc.

(2) Metz n'étoit encore qu'une ville obscure pour le com-

7º En articles de cotons filés et autres, et en étoffes de coton (1).

---

merce, que déjà des spéculateurs y achetoient, pour l'Amérique, des toiles du pays messin. Ce qui s'y en est vendu pendant la guerre de la révolution, ce qui s'y en vend à présent, en justifiant les progrès de cette branche d'industrie, donnera, nous le croyons, la pensée de sa destinée future. Le seul canton de Puttelange, pour la culture du chanvre et la fabrication des toiles, par ce qu'il fait maintenant, peut donner une idée des augmentations considérables qu'on obtiendra.

Un marché colonial assure à cet article, ainsi qu'à la culture du chanvre et du lin, une consommation considérable : ce marché sera d'autant plus important, qu'aux toiles françaises il réunira les toiles étrangères les plus renommées, telles que celles de Saxe, de Westphalie, de Hollande. Sur ce que nous avançons, on peut consulter MM. Dorr frères, l'une des plus respectables maisons de notre place dans le commerce des toiles.

Quant aux articles de batistes, de linons et de fils de Flandre, nous renvoyons à l'administration des douanes : elle se réunira à nous, nous en sommes certains, pour reconnoître l'évidence du nouveau débouche qui favorisera ces industries dans notre Foire européenne.

(1) Nous sommes plus à portée que qui que ce soit de remarquer les relations de nos fabriques en ce genre, et l'intérêt qu'elles auront à fréquenter notre Foire. Chaque jour leurs expéditions passent par nos mains; nos comptoirs à la frontière sont chargés de percevoir les primes. Les étoffes de Rouen, Villefranche, Saint-Quentin, Sainte-Marie-aux-Mines, Troyes, Bar-le-Duc, viendront toutes avec empressement y soutenir la concurrence des étoffes anglaises : les manufactures de ces

8° En broderies (1).

---

places et de tant d'autres, dont notre Foire provoquera la création, auront un grand avantage lorsqu'avec la jouissance des primes l'entrepôt leur fournira, avec un grand choix, la matière première au prix des ports.

Si un exemple intéressant étoit nécessaire, nous citerions la belle manufacture de MM. Darbois et Ladrague, établie seulement depuis peu d'années, qui nous ont déjà montré qu'ils sortent de la respectable école de M. Oberkamp.

(1) Dans les jugemens que l'on porte sur beaucoup de branches d'industrie, l'on s'attache souvent à ce qui a de l'éclat, et donne un modique profit: comme il en est une foule riches en résultats, dont on parle peu: dans ce genre est la broderie.

Cette industrie, à peine connue il y a quinze ans, occupe dans la ville de Metz près de 2000 ouvrières, la plupart de la classe la plus voisine de l'indigence. Ses produits s'exportent aujourd'hui dans toutes les parties du monde connu ; et ses succès, ses perfectionnemens, ses prix sont tels, que par un revirement frappant, les Anglais font venir en fraude, ce qu'autrefois, en fraude, des Anglais nous vendoient, *les tulles brodés.*

Pour faire une étoffe, soit de laine, soit de coton, il faut toujours une matière première, qui met un capital hors du pays.

Dans la broderie, tout est bénéfice. Un million qui s'exporte en cet article, est toujours un million de gagné, par la raison sans réplique, qu'un voile de tulle brodé valant cent francs n'a été, depuis le ver à soie jusqu'à sa complète fabrication, que le produit du travail de toutes les personnes qui y ont été employées.

Il est donc vrai de dire qu'une Foire européenne ne peut

9° En fers, en articles de laminerie et en clouterié, la première de France (1).

---

manquer d'augmenter les débouchés de cette si intéressante et si productive industrie.

(1) Les foires de Châlons-sur-Saône et de Bordeaux sont les principaux marchés des fers de France.

Peu de mots suffiront pour justifier que, sous ce rapport, celle de Metz peut devenir la première du continent ; car elle sera à la fois un marché étranger et français.

Le département de la Moselle possède les forges, les laminoirs les plus renommés : il est le lieu de dépôt, le magasin de plusieurs autres.

Nous citerons spécialement les forges de

Moyeuvre (M. de Wendel, propriétaire), elles ont deux hauts fourneaux, six feux d'affinerie, deux platineries, une fenderie, une clouterie : on y voit de plus une fabrique de planches de zinc, de cuivre et de fer

Hayange (M. de Wendel, propriétaire), forges très-considérables : il y a cinq feux d'affinerie, deux platineries, une fenderie, un laminoir, neuf forges de clouterie, une scierie et une batterie de boulets.

Creutzwald-la-Houve (M. Payssé, propriétaire, a obtenu au juri une médaille).

Ottange (M. le comte d'Hunolstein, propriétaire), ayant deux feux d'affinerie, une fenderie, un haut fourneau et une platinerie.

Barenthal (M. Drion, propriétaire).

Remelsdorff (M. Louis Robert, propriétaire).

Sainte-Fontaine (M. Simon, propriétaire).

Hombourg (M. de Hausen, propriétaire).

Mouterhausen (MM. Couturier et Compagnie, propriétaires),

10° En quincaillerie et mercerie (1)

11° En articles de nouveautés de toute espèce, de la fabrique de Paris (2)

---

a deux hauts fourneaux, cinq feux d'affinerie, une fonderie, une fabrique de tôle et une acierie.

Saint-Louis (M. Simon, propriétaire).

Dorlon (Madame veuve Trottyanne et M. François Trottyane, propriétaires).

Hersange (Madame la baronne d'Huart, propriétaire), ayant un haut fourneau, deux feux d'affinerie, une platinerie, une fenderie, une scierie et une clouterie.

Longuyon (Madame la comtesse de Rusange, propriétaire), forge et manufacture de canons de fusils.

Villerupt (M. Pacotte, bailliste).

A l'extérieur, les forges renommées de Dilling.

Celles nombreuses du duché de Nassau—Sarrebrück, de Deux-Ponts, de la Quinte-sur-Moselle, etc.

(1) Si des centaines de maisons du grand-duché de Berg fréquentent la foire de Francfort ; si, par l'entremise de Metz, les marchandises de ces maisons acquittent pour des millions de droits , ce que nos comptoirs de Sierck et de Forbach nous mettent à même d'observer tous les jours, soit pour la consommation française , soit par transit pour l'étranger et les colonies ; comment ne pas croire que la plupart de ces maisons ne saisiront une si belle occasion d'augmenter leurs débouchés ? *Vente à l'étranger au port franc ; vente pour tous les ports et les colonies au moyen du transit ;* que de motifs puissans pour les attirer à Metz et déterminer leur préférence !

(2) Si nous pouvions présenter dans un seul tableau le détail de tous les articles qui appartiennent à l'industrie de la capitale, notre tâche seroit remplie , et l'espérance que nous concevons

12° En chapellerie (1).

de voir orner notre Foire de ses innombrables produits seroit bientôt réalisée. Nous avons déjà, en faveur de notre projet, l'exemple de la nouvelle foire de Varsovie, qui voit chaque année s'augmenter le nombre des fabricans de Paris qui la fréquentent.

Lorsqu'il n'en coûtera que *trois francs* pour envoyer de Paris à Metz un quintal de marchandises;

Lorsque, pour trente francs, un négociant pourra s'y rendre ;

Lorsqu'ensuite la foire de Metz mettra le fabricant de Paris à la portée de celles de Francfort, de Leipsick, de Varsovie, qui *la suivront graduellement* ;

Peut-on douter du rang distingué que le commerce de Paris tiendra dans notre marché ?

Nouvelle Londres, disions-nous en avril 1819, Paris est le grand marché de France pour les denrées d'outre-mer, comme il l'est de toutes les industries : voisins de notre Foire, ces produits réunis, en même temps qu'ils y acquerront une nouvelle valeur, ne seront – ils pas un aliment constant de prospérité pour et par l'importante institution que nous proposons ?

(1) Dire que la foire de Metz possédera en abondance de nombreux assortimens de matières premières que nos grandes fabriques de Paris et de Lyon vont chercher aux foires de Leipsick, lorsqu'elles ne les font pas venir directement de la Russie et de la Pologne, c'est bien annoncer que la chapellerie est appelée, par suite de ces avantages, à jouer un rôle important dans notre Foire. Cette industrie a fait d'étonnans progrès à Metz; et nous ne doutons pas que les belles fabriques de MM. Pierson, Simonot, Crosse, Lecomte, etc., n'aient bientôt de nombreux imitateurs.

13° En passementerie, en plumasserie, en selle-rie, cannerie, menuiserie et fabriques de peignes (1).

14° En porcelaine, faiencerie, verrerie et cristaux (2).

L'on sait que ce sont les foires de Francfort et de Leipsick qui ont créé, à Erlang, les fabriques de chapellerie si renommées en Allemagne. Faisons tout pour que les nôtres de Paris, de Lyon, de Metz, viennent présenter à notre Foire ce que la mode a de plus séduisant.

(1) C'est la garnison nombreuse que la ville de Metz a toujours possédée, ce sont les grandes fournitures qu'elle a faites dans la guerre de la révolution, qui ont porté chez elle cette industrie au plus haut degré. Ce que la paix a ralenti, notre Foire le ranimera.

Le commerce étranger, le commerce de mer sur-tout, ignore les avantages que nous pouvons lui offrir.

Qu'on se figure seulement les avantages de se faire connoître que notre Foire coloniale donnera à nos fabricans ! Il n'y a pas une cargaison où la passementerie, la plumasserie, la sellerie et les articles ci-dessus ne soient préférés.

Nous ne pouvons trop le redire, une telle Foire peut, dans ses rapports avec les Américains, avoir, les conséquences les plus heureuses et de la plus haute importance pour des fabricans qu'on met trop peu en évidence.

(2) Lorsque l'on peut citer les établissemens si renommés de MM. Utschneider et Compagnie, de Sarreguemines, où l'on imite si parfaitement le porphyre, l'agathe et le jaspe, invention qui leur a mérité la médaille d'or ;

Les belles verreries de Munsthal-Saint Louis (propriétaire, M. Seiler fils), où l'on fabrique un cristal qui rivalise avec le *flint-glass anglais ;*

(67)

15° En un grand marché de chevaux (1).
16° En une foire de bétail.
17° En articles de pépinières (2).

Goetzembruc et Meisendhal pour les verres de montres et de pendules, qui s'exportent jusqu'aux Indes orientales ;

Schœneck pour la gobleterie commune ;

Creutzwald-la-Houve pour les verres à vitres et les cristaux ;

Et beaucoup de faïenceries ;

C'est déjà annoncer à l'étranger qui viendra fréquenter notre Foire, qu'il y trouvera de quoi satisfaire ses besoins et sa curiosité.

Ce sera alors que la jouissance d'un port franc sera précieuse pour provoquer de plus en plus l'émulation : la fabrique de Bohême se trouvant en présence avec celle de France.

(1) Metz est à trois journées des Foires si renommées des Ardennes pour les chevaux. Ceux du Holstein, qui vont à Francfort, n'échapperont pas au nouveau debouché que leur offrira la foire de Metz. Les nombreuses garnisons de cavalerie réparties dans le département, les grands besoins de Paris, la proximité des grandes villes, telles que Bruxelles, Lille, Lyon, etc., assurent qu'un grand marché de chevaux s'y établira.

Cette foire de bétail, au moyen du port franc, sera importante, et contribuera à la prospérité du commerce de nos voisins, les amenera à se relâcher dans leurs mesures de représailles.

(2) Les pépinières de Metz sont très-renommées dans toute l'Europe. L'Allemagne et la Russie s'y adressent constamment. Quelle occasion plus favorable d'agrandissement ne sera pas notre Foire pour cette branche d'industrie ? Les relations qu'ont déjà nos habiles pépiniéristes (parmi lesquels nous cite-

5*

18° En papeterie (1).
19° En papiers peints (2).

———

rons MM. François Mathias, Pécheur, Louis Simon, Domi-
nique Simon, Thiriot et tant d'autres), doivent nous assurer
les plus heureux résultats.

(1) Nous pourrions en quelque sorte répéter, pour cette
branche de commerce, ce que nous avons dit pour la chapellerie.

Les belles papeteries de MM.

Joseph Marin, à Ars près Metz,

Joseph Gentil, à *idem*,

Fayon frères, à Jarny,

Richard Lamort, à Mainbottel,

Et toutes celles des départemens de la Meurthe et des
Vosges, sont un premier fond que notre Foire coloniale aug-
menteroit considerablement.

Sardam, vis-à-vis Amsterdam, nous apprend quelle influence la navigation a eu sur les fabriques de papier de la
Hollande.

Nous laissons aux négocians qui traitent cette partie, le soin
d'examiner les conséquences et les débouchés en quelque sorte
sans limites, que le commerce maritime leur procureroit.

(2) Cette industrie a fait à Metz des progrès notables : nos
manufactures ne se bornent plus à des débouchés de voisinage :
des voyageurs placent leurs produits chez l'étranger, et nous
pouvons, à cet égard, citer honorablement celles de MM.
Lalance, Levasseur et Billotte.

Lorsque les beaux modèles de celles de Paris, de Lyon et de
Nancy viendront s'y joindre, on peut avoir la certitude que le
nombre de ces manufactures augmentera dans la proportion des
débouchés que notre Foire offrira.

(69)

20° En graines huileuses (1).

21° En bois de construction (2).

22° En librairie (3).

Enfin mille autres articles qui se présenteront à la

---

(1) Toutes les huiles de Flandre qui vont en Allemagne, s'y dirigeoient autrefois par le Rhin : aujourd'hui elles y parviennent par terre, et passent par Metz.

Quel avantage cette culture n'aura-t-elle pas lorsque les consommateurs étrangers viendront a Metz en foule ? Lorsqu'ils auront cent lieues de frais de transport à payer de moins ? Agriculteurs du département de la Moselle, réfléchissez sur cette importante conséquence !

(2) Metz, depuis long-temps, est un des plus grands entrepôts du commerce des Vosges. L'Allemagne et la Hollande en ont constamment reçus.

Lorsque tant de consommateurs étrangers afflueront à Metz, cette branche importante de commerce prendra nécessairement un grand développement, tout commerçant de bois du département des Vosges sera intéressé à y entreposer ses flottes.

(3) Il n'y a de véritable Foire de librairie, en Europe, que celle de Leipsick ; et certes cette ville n'est pas comme Metz, placée pour recevoir de l'Europe, avec économie, toutes les productions littéraires.

La langue allemande est familière à Metz ; elle a des imprimeries qui ne laissent rien à désirer, et dans ce genre de productions la proximité de la capitale lui assureroit un grand fond de nouveautés, dont toutes les nations provoqueroient de nombreuses traductions. Par l'effet du port franc et du transit, le commerce de librairie de tous les peuples viendroit rendre, sous ce rapport encore, la foire de Metz bien plus considérable que celle de Leipsick.

pensée de toutes personnes qui ont fréquenté les grandes Foires.

MOYENS D'EXÉCUTION.

Dans la confiance où nous sommes que tout se réunit pour l'utilité de notre proposition, nous allons entrer dans le détail des principaux moyens d'exécution :

1° Ordonnance royale qui établit, au nord de la France, une Foire européenne ;

2° La ville de Metz désignée pour siége de cet établissement ;

Un port franc y est organisé ; l'île Chambière est désignée pour le former ;

3° Son ouverture fixée au premier juin de chaque année ;

4° Sa Majesté nomme une Commission spéciale placée près du Ministre de l'intérieur ;

5° Cette commission est accréditée auprès des grandes administrations de France, comme auprès de tous les Envoyés de la France à l'étranger ;

6° Elle a mission d'organiser, de diriger, de faire voyager, d'employer tous les moyens nécessaires au développement de l'établissement ;

7° Deux années précéderont l'ouverture de la Foire ;

8° Ces deux années se diviseront en trois publications diplomatiques, dont

La première faite immédiatement après l'ordonnance royale, aura pour objet de faire un appel à l'industrie et au commerce de tous les pays; de leur donner, dans un prospectus, tous les renseignemens, tous les détails propres à former leur conviction, et à les déterminer à venir à la foire de Metz. On s'attachera, dans cette publication, à démontrer aux fabricans qui auront l'intention d'y envoyer leurs marchandises, tout l'avantage qui résultera pour eux d'en prévenir la Commission par écrit, et dans le courant de la première année.

La seconde publication, qui aura lieu le premier jour de la seconde année, fera connoître à l'Europe la liste de tous les fabricans et négocians qui auront annoncé leur arrivée en Foire.

La troisième publication, faite six mois avant l'ouverture de la Foire, donnera un extrait de tous les renseignemens obtenus et de toutes les dispositions prises dans l'intérêt de ce grand marché;

9° Un Conseil d'administration permanent, établi à Metz, agissant sous la direction de la Commission spéciale, préparera et assurera tous les moyens de localité, de sûreté, de police et d'hospitalité.

Ce Conseil d'administration se compose du Préfet, du Maire, du Directeur des Douanes, de l'Ingénieur en chef des ponts et chaussées, et de cinq négocians;

10⁸ Le Gouvernement prendra à sa charge les frais généraux de la Commission ;

11° La ville de Metz et le département de la Moselle acquitteront tous ceux de localité (1).

CONCLUSION.

Dans la pensée où nous sommes que les détails que nous venons d'exposer auront été lus, compris et médités par les personnes qui s'intéressent à l'exécution de notre plan utile ; nous terminerons en en faisant ressortir. de cet exposé, les caractères d'intérêts généraux et particuliers qui suivent.

Pour la France.

La propriété d'une Foire continentale dans la ville la mieux située, la plus centrale, la plus à portée des grandes industries, et la plus libre dans ses communications avec l'Europe.

(1) Qu'on accorde au commerce le droit de *magasinage d'usage*, et l'on est certain que des Compagnies s'empresseront d'en faire les avances.

Tous les établissemens des douanes du Hâvre appartiennent au commerce, qui en tire un bon revenu.

Pour notre commerce maritime.

L'établissement naturel d'un marché de denrées coloniales , approvisionné constamment avec les produits de nos ports, notamment celui du Hâvre ; marché colonial qui rentrera , pour son régime et ses actions, dans toutes les dispositions de *la loi de douane* du 28 avril 1816.

Pour notre circulation intérieure.

Un système d'économie commerciale tellement actif , qu'il parviendra à rendre la France l'intermédiaire de la majorité des transports de la part des Etats du Nord et du Midi.

Pour nos départemens de l'est , notamment ceux de la Moselle , de la Meurthe , de la Meuse , de la Marne , des Vosges et des Ardennes.

Une augmentation notable dans leur agriculture et leur industrie , résultant des consommations et de débouchés considérables provoqués par cet établissement ; ce qui les fera jouir de nombreux avantages que recueillent de la foire de Leipsick , toutes les villes de la Saxe.

Pour la ville de Metz.

Les heureuses conséquences qu'amenera nécessairement la réunion des commerçans de toutes les nations , et l'affluence de curieux qu'attirent toujours

les grandes foires ; conséquences qui doivent produire

En faveur des propriétaires, un plus grand revenu ;

Au capitaliste, plus d'emploi de ses fonds ;

A l'industrie, plus d'ouvrage et de profit ;

A l'artisan, plus de salaire ;

A la généralité de ses habitans, plus de moyens
et d'occasions d'augmenter *son bien être.*

Pour les fabriques étrangères.

Trois sortes de débouchés importans, positifs et
sans entraves, ayant leurs sources,

1° Dans *notre franchise de Foire*, qui, sans les
priver de leurs relations habituelles avec la foire de
Francfort, les mettra, *à Metz*, dans une position
encore plus libre, plus économique pour suivre et
augmenter ces mêmes relations.

2° *Dans la vente à la France* des produits de
leurs fabrications admises par notre tarif, et que la
proximité, les intérêts d'échanges et la spéculation
ne pourront qu'accroître.

3° Dans les affaires *sans limite de ces produits*
favorisées par le transit ; savoir :

Sur Bayonne et Perpignan, pour l'Espagne ;

Sur Lyon et Marseille, pour les Etats d'Italie et
la Méditerranée ;

Sur le Hâvre, pour toutes les Amériques, ce que
justifient déjà *leurs expéditions actuelles.*

Pour les opérations des banquiers et spéculateurs
étrangers.

L'occasion importante que leur présentera le mouvement de notre Foire, et un marché de denrées coloniales du Hâvre, *affranchies de droits à l'entrepôt intérieur de Metz*, qui leur donnera la faculté de spéculer, d'acheter, de vendre, de négocier et de payer *comme s'ils appartenoient au commerce français*, et d'agir dans cette circonstance comme le font à Leipsick les banquiers de Berlin, de Hambourg, de Vienne, etc., qui établissent leurs comptoirs à chaque foire.

L'exécution, enfin, de notre projet, doit étendre nos relations;

Nous faire récupérer, par des compensations, ce que nous avons perdu par représailles;

Préparer de grands alimens de circulation pour les nombreux canaux qui s'établissent;

Accroître la production;

Augmenter les capitaux et l'industrie;

Et anéantir ce système d'isolement dans lequel nous nous trouvons depuis long-temps.

COMPTE SIMULÉ
A DIX QUINTAUX CAFÉ

Venant d'Amsterdam allant à Francfort.

Dix quintaux café.................	1500^f	»
Frais de ville, de mise à bord, ensemble.	5	»
Frêt d'Amsterdam à Cologne.........	24	»
Frais de Cologne et commission, à 50^c..	5	»
Frêt de Cologne à Francfort, 3^f % (1)..	30	»
Prime d'assurance, ½...............	7	50
Droit de navigation environ 1^f 95^c p. %..	17	50
Intérêt de 40 jours pour différence du temps comparé à celui du Hâvre, 4/8..	9	35
Plus, pour retards imprévus, par les glaces, les inondations, les avaries et les chances de variations inséparables d'une expédition par eau, évalués à 1 p. % (2)	15	»
F.	1613^f	35^c

(1) Les droits de relâche forcés existent toujours à Cologne et Mayence.

(2) Que le spéculateur payera volontiers quand il aura l'option de recevoir sa marchandise à Metz dans 8 à 10 jours.

Venant du Hâvre allant à Francfort.

Dix quintaux café.................	1500^f	»
Voiture du Hâvre à Paris, les 50 kil. à 2^f	20	»
Nota. { Elle a été à 3^f 50^c, elle est maintenant à 2^f 50^c. Par la Seine, on reçoit du Hâvre à 1^f 50^c.		
Voiture de Paris à Metz en 10 jours, à 3^f	30	»
Id. de Metz à Francfort en 10 jours, à 5^f	50	»
	1600	»
Différence en faveur du Hâvre........	13	35
F.	1613^f	35^c

Nota. On expédie maintenant du Hâvre à Paris, par navigation *accélérée.*

ETAT des prix de voiture qui se payent ordinairement de Metz aux chefs-lieux suivans.

		Temps nécessaire.	PRIX des 50 kilog.	
		Jours.	Fr.	C.
Agen	Lot-et-Garonne	3o	9	»
Ajaccio	Corse			
Alby	Tarn	44	8	5o
Alençon	Orne	25	7	5o
Amiens	Somme	15	6	25
Angers	Maine-et-Loire	3o	8	»
Angoulême	Charente	35	1o	5o
Arras	Pas-de-Calais	20	5	»
Auch	Gers	45	15	5o
Avignon	Vaucluse	28	5	5o
Aurillac	Cantal	4o	7	»
Auxerre	Yonne	15	7	»
Bar le-Duc	Meuse	5		5o
Beauvais	Oise	17	3	5o
Besançon	Doubs	15	4	5o
Blois	Loir-et-Cher	20	7	»
Bordeaux	Gironde	4o	1o	5o
Bourbon-Vendée	Vendée			
Bourg-en-Bresse	Ain	18	6	»
Bourges	Cher	25	8	5o
Caen	Calvados	25	6	»
Cahors	Lot	4o	13	5o
Carcassonne	Aude	35	14	»
Châlons-sur-Marne	Marne	8	2	»
Chartres	Eure-et-Loire	20	6	20
Chaumont	Haute-Marne	12	4	»
Châteauroux	Indre	25	5	25
Clermont-Ferrand	Puy-de-Dôme	3o	8	»
Colmar	Haut-Rhin	1o	5	»
Dignes	Basses-Alpes	32	9	»
Dijon	Côte-d'Or	1o	3	»
Draguignan	Var	4o	13	»
Epinal	Vosges	6	4	»
Evreux	Eure	20	4	25
Foix	Arriège	36	13	5o
Gap	Hautes-Alpes	3o	8	»
Grenoble	Isère	25	6	»
Gueret	Creuse	3o	6	»

		Temps nécessaire.	PRIX des 50 kilog.	
		Jours.	Fr.	C.
Laon	Aisne	15	6	25
La Rochelle	Charente-Inférieure.	36	6	75
Le Mans	Sarthe	22	4	75
Le Puy	Haute-Loire	38	7	25
Laval	Mayenne	28	5	50
Lille	Nord	15	6	50
Limoges	Haute-Vienne	30	6	»
Lons–le-Saulnier	Jura	18	6	»
Lyon	Rhône	18	4	»
Mâcon	Saône-et-Loire	16	3	75
Marseille	Bouches-du-Rhône.	35	7	»
Melun	Seine–et-Marne	18	4	50
Mende	Lozère	50	10	25
Mézières	Ardennes	8	3	»
Montauban	Tarn-et-Garonne	30	10	50
Montbrisson	Loire	22	5	75
Mont–de-Marsan	Landes	45	12	50
Montpellier	Hérault	35	8	»
Moulins	Allier	28	7	50
Nancy	Meurthe	2	1	25
Nantes	Loire-Inférieure	30	8	50
Nevers	Nièvre	20	7	50
Niort	Deux-Sèvres	28	9	50
Nîmes	Gard	28	7	»
Oleron (Isle d')				
Orléans	Loiret	15	3	90
Paris	Seine	12	3	50
Pau	Basses Pyrénées	50	15	50
Perpignan	Pyrénées-Orientales.	35	10	»
Périgueux	Dordogne	36	7	»
Poitiers	Vienne	30	10	50
Privas	Ardèche	40	12	»
Quimper	Finistère	45	14	50
Rennes	Isle et-Villaine	30	8	50
Rodez	Aveyron	55	12	50
Rouen	Seine-Inférieure	16	5	»
St.-Brieux	Côtes du-Nord	36	10	50
St.-Lo	Manche	28	8	»
Strasbourg	Bas–Rhin	8	3	»
Tarbes	Hautes-Pyrénées	50	15	»

		Temps nécessaire.	PRIX des 5o kilog.	
		Jours.	Fr.	C.
Toulouse............	Haute-Garonne....	3o	11	»
Tours.............	Indre-et-Loire.....	22	7	»
Troyes...........	Aube............	12	4	»
Tulles	Corrèze..........	36	8	»
Valence...........	Drôme...........	36	6	75
Vannes...........	Morbihan	4o	11	»
Vesoul...........	Haute-Saône.....	12	5	»
Versailles..........	Seine-et-Oise	14	3	65

www.ingramcontent.com/pod-product-compliance
Ingram Content Group UK Ltd.
Pitfield, Milton Keynes, MK11 3LW, UK
UKHW022304120726
13694UKWH00003B/1230